Kuscheltierparty

Text: Christian Gailus | Illustrationen: Ulrike König

Es war einmal ...
... ein Plüschhase, der lebte bei einem Mädchen namens Tara. Nach dem Frühstück schmatzte Tara ihm einen Schmatz auf die Plüschnase, setzte ihn auf einen Hocker und ließ sich dann von ihrer Mutter in den Kindergarten bringen.
RUMMS, krachte die Haustür ins Schloss.
Dann wurde es still.

»Sind sie weg?«, flüsterte eine hohe Stimme.
»Ich glaub ja«, antwortete eine zweite, tiefe. »Kuschel?«
Der Plüschhase spitzte die Ohren und sah sich rasch nach allen Seiten um. »Sie sind ausgeflogen«, sagte er und hüpfte locker vom Hocker auf den Teppich, wo schon Teddybär und Häkel-Meerschwein auf ihn warteten.
»Ich hol die Luftschlangen«, brummelte Teddy.
»Ich mach Popcorn«, fiepste Meerschwein.
»Und ich geb den anderen Bescheid«, sagte Kuschel.

Und schon rannten sie los.

Kuschel flitzte zum Fenster, das gekippt war, und zog eine leere Dose zu sich, an der ein Bindfaden befestigt war. »Kuschel an Igel: Lagebericht«, rief er ins Dosentelefon. »Igel an Kuschel, die Luft ist rein«, schepperte eine Stimme zurück. »Wir machen uns auf den Weg. Bis gleich.«

Kuschel hüpfte zur Heizung und klopfte mit einem Holzlöffel dagegen: Dang-Dang. Dang. Da-Dang.

Dong-Dong. Dong. Do-Dong erschallte die dumpfe Antwort. Kuschel hoppelte zur Haustür, wo sich kurz darauf ein halbes Dutzend Stofftiere durch die Katzenklappe zwängte: Igel und Reh, Drache und Maus, Dachs und Fuchs.

Mit großem Hallo und vielen Umarmungen begrüßten sich die Kuscheltiere und zogen munter plaudernd ins Wohnzimmer.
»Hier kommen die Snacks!«, rief Häkel-Meerschwein und schob eine Riesenschüssel Popcorn vor sich her.
»Und hier die Schmückung!«, rief Teddy und ließ Luftschlangen herumkreiseln.

»Fehlt bloß noch Musik«, sagte Kuschel und hüpfte zur Stereoanlage auf der Anrichte. Er drehte den Lautstärkeregler auf und – Yo, man, yo! – ging es los: Kuscheltierparty!!! Sie lachten und tanzten und schmatzten und mampften. Und gerade als es am schönsten war, ging die Musik plötzlich aus.

Die Kuscheltiere starrten zur Stereoanlage, vor der eine dicke Katze hockte, die Pfote auf dem Lautstärkeregler, und grimmig zu ihnen runterstarrte.
»Wo kommt die denn her?«, flüsterte der Igel.
»Normalerweise ist die tagsüber draußen auf Mäusefang«, murmelte Kuschel.
»Auf Mäusefang?«, japste die Stoffmaus und fiel in Ohnmacht.

»Und wie kommt sie rein?«, wunderte sich der Fuchs.
»Durch die Katzenklappe«, murmelte Kuschel. »Genau wie wir.«
»Und genauso werden wir sie wieder los«, sagte der Dachs und verteilte Gummibänder, die um seinen Bauch gewickelt waren. Sie luden die Zwillen mit Popcorn.

»Auf drei gehts los!«, rief der Dachs.
Und ein Popcorn-Hagel ging auf die Katze nieder.
»MIAU!«, fluchte diese und flüchtete durch die Katzenklappe hinaus. Mit vereinten Kräften schoben die Kuscheltiere einen Wäschekorb davor.

Kuschel kletterte zur Stereoanlage und drehte die Musik wieder laut. Und Yo, man, yo wirbelten die Stofftiere übers Parkett – während die Katze vorm Fenster hockte und neidisch in die gute Stube starrte.

Als Tara später nach Hause kam, wunderte sie sich. Hatte sie Kuschel nicht auf den Hocker gesetzt? Wieso lag er jetzt im Bett, als würde er schlafen? Sie zuckte mit den Achseln und deckte ihn lächelnd zu. Und während sie in die Küche hüpfte, um eine Tasse Kakao zu trinken, träumte Kuschel von der Party und vom Yo, man, yo!

Christian Gailus ist schon alt. Weil er aber lieber jung sein will, schreibt er am liebsten Kindergeschichten. Denn in denen passieren die tollsten Sachen: Tiere können reden, Menschen springen über Berge, und feuerspeiende Drachen – na, speien eben Feuer.
www.christian-gailus.de

Ulrike König, 1976 geboren, studierte in Dresden Theatermalerei und Illustration in Hamburg. Heute lebt sie als freischaffende Illustratorin mit ihrer Familie in Flensburg und illustriert besonders gerne lustige Geschichten von Tieren.
www.ulrikekoenig.de

von Ulf K.

DREi MAL EiNS

Schlaf!

Welche drei zusammengesetzten Wörter verbergen sich hier?
Die Auflösung findest du auf Seite 50.

Die Wach-Maschine

Text: Jepe Wörz | Illustrationen: Mascha Greune

Fies! Lucy setzt ihr grimmiges Gesicht auf. »Extrafies!« Ihre Freundinnen Anya und Sibel nicken heftig.
»Ach, Lucy!« sagt Mama. »Ihr müsst nun mal ins Bett, es ist schon fast zehn!«
»Aber Papas Band spielt doch zum allerersten Mal seit ... seit ...«
»Seit deiner Geburt, ja.« Mama schmunzelt.
»Und ihr wärt gern dabei, ich weiß. Beim nächsten Mal, ok? Schlaft gut.« Die Tür geht zu.

Die besten Sachen machen die Erwachsenen immer, wenn wir schlafen«, stöhnt Sibel.
Und Lucy sagt: »Darum schlafen wir heute nicht.«
»Aber uns fallen bestimmt gleich die Augen zu«, seufzt Anya. »Da können wir nichts machen.«
Lucy nickt nachdenklich. Dann springt sie auf.
»Wir können da nichts machen! Darum brauchen wir eine Maschine, die das für uns macht! Eine Wach-Maschine!«

»Fertig!« Lucy grinst zufrieden, als alle wieder in den Betten liegen.
Anya runzelt die Stirn. »Das soll also eine Wach-Maschine sein. Und wie funktioniert die?«
Lucy lächelt. »Warte ab.« Sie blickt zu Sibel hinüber, die sehr still geworden ist.

Da ertönt plötzlich ein lautes »Tuuuut!« aus Sibels Tröte.
»Sorry, hab' geschnarcht!« Sibel schreckt hoch.
Dabei landet ihr Fuß im Wassereimer. Platsch – »Iiih!«
Sie zuckt zurück. Und wie bei Marionetten werden dabei
auch Anyas Bein und Lucys Arm an den Bindfäden
hochgezogen.
Alle sind wieder hellwach und kichern. Anya gluckst:
»Genial, die Wach-Maschine!«

Es wird immer später, die Freundinnen sind richtig erschöpft. Da geht schon wieder die Wach-Maschine los.

»Au, der Kaktus!« Anya zuckt zurück, und ihre Freundinnen zappeln mit. Wieder sind alle wach, wenn auch nur für kurze Zeit. Bald landet ein Fuß auf dem friedlich schlafenden Hund. Wuff! Dann sackt auch Lucy der Kopf aufs Kissen. Gooong! Und oben drauf kommt noch ein ohrenbetäubendes »Wäääääh«, als ihrem kleinen Bruder der Schnuller gezogen wird.

Und so geht es die halbe Nacht: Ihhh! Platsch! Au! Wuff! Gooong! Wääh! Aber den tapferen Freundinnen fallen immer wieder und immer heftiger die Augen zu. Da kann man nichts machen. Bis Lucy plötzlich aus Träumen erwacht: »Huch? Doch eingeschlafen!«

Sibel trötet schlafend vor sich hin, und Anya kuschelt mit ihrem Kaktus. »Manno!« Auch eine Wach-Maschine kann wohl nicht alles verhindern. Gleichzeitig dringt leise Musik an ihre Ohren.

»Hey, ihr Schlafmützen!«, ruft Lucy. »Die Band spielt!«

»Schon?« Anya zieht sich gähnend eine kleine Kaktusnadel aus den Haaren. Träge erheben sich alle und schleichen durch den Flur bis zur Tür.

»Wo ist die Band?«, fragt Lucy. Keiner der Erwachsenen rührt sich, nur ihre Mama wendet müde den Kopf.
»Ach, Lucy, Schatz! Tja … der kleine Sohn vom Sänger ist krank, und der Schlagzeuger kriegt seine Kinder nicht ins Bett. Papa wollte aber unbedingt spielen.«

Lucy grinst: »Jaja, die besten Sachen machen die Erwachsenen immer, wenn wir Kinder schlafen.«

Jepe Wörz lebt im Raum Düsseldorf mit Frau und zwei Spitzbuben. Er schreibt Kinderbücher, außerdem Texte und Songs für die tonies® und Einkaufslisten für den Supermarkt. Darüber hinaus kann er eine Zeit lang gut mit Eiern jonglieren und ist Geheimagent. Aber das ist eigentlich geheim. www.instagram.com/jepeddo

Mascha Greune hat in Augsburg Kommunikationsdesign studiert. Einige Jahre arbeitete sie als Grafikerin, dann konzentrierte sie sich ganz auf die Illustration. Seither zeichnet und malt sie unermüdlich und hat mittlerweile zahlreiche Bücher für Kinder und Erwachsene illustriert. Sie lebt mit ihrer Familie bei München. www.mascha-greune.de

Winterschlaf

Text: Christian Bartel | Illustrationen: Annegret Ritter

Aber was ist, wenn ich nicht einschlafen kann?«, fragt Mats. »Natürlich kannst du einschlafen, du bist ein Bär!«, antwortet seine Mutter. Mats soll Winterschlaf halten. Den machen alle Bären.

»Ich bin noch gar nicht müde!«, sagt er. Es ist sehr gemütlich in der Bärenhöhle, aber Mats ist aufgeregt.

»Jetzt wird geschlafen. Der Winter steht vor der Tür«, findet die Mutter.

Mats linst zum Höhleneingang. Schatten tanzen auf der Felswand. Sie sehen aus wie kahle Äste oder wie ein Geweih. »Trägt der Winter ein Geweih?«, fragt Mats. Er hat den Winter noch nie gesehen. Mats kennt nur den Frühling, in dem er geboren wurde, den Sommer, in dem er den Wald erkundet hat, und den Herbst, in dem er Beeren gesammelt hat.

»Unsinn. Der Winter ist bloß kalt«, brummt die Mutter.

»Ist er so kalt wie ein Fisch?«, will Mats wissen.

Die Mutter schüttelt den Kopf. »Der Winter ist viel kälter als ein Fisch. Unvorsichtigen Bären zwickt er in die Tatzen.«

Mats stellt sich den Winter als eiskalten Molch mit spitzen Zähnen vor. »Ist der Winter so klein wie ein Molch?«, fragt er.

»O nein. Der Winter ist größer als ein Hirsch«, sagt die Mutter. »Außerdem ist er sehr dunkel.«

»Ist der Winter so dunkel wie der Wald bei Neumond?«, will Mats wissen.

»Der Winter ist dunkler als die Nacht, aber auch weißer als die Wolken am Himmel«, erzählt Mats' Mutter. »So einem Gesellen willst du nicht begegnen. Deswegen halten kluge Bären Winterschlaf. Mach schnell die Augen zu, und dann ist gleich Frühling!«

Mats schließt die Augen und zählt Lachse, die den Bach hochschwimmen. Dabei kann er gut einschlafen, aber diesmal hilft es nicht. Deswegen zählt er Blaubeeren, aber auch das hilft nicht. Mats' Augen gehen immer wieder auf.

»Ist jetzt endlich Frühling?«, fragt er.

»Bald!«, seufzt die Mutter und singt Mats ein Schlaflied, das von goldgelbem Honig handelt.

Aber davon schläft sie bloß selber ein.

Plötzlich erscheint eine Gestalt am Höhleneingang. Zuerst sieht Mats zwei Schatten über die Wand tanzen, die aussehen wie gewaltige Hörner, aber dann hoppelt ein langohriges Wesen in die Höhle. Mats bekommt ein wenig Angst. Zwar ist das Tier viel kleiner als ein Hirsch, aber weißer als die Wolken am Himmel. »Bist du der Winter?«, fragt Mats. »Ja, klar«, antwortet das Wesen. Natürlich ist das gelogen. Aber wenn man als Schneehase aus Versehen in eine Bärenhöhle gerät, muss man sich schnell etwas einfallen lassen.

»Hab ich ein Glück!«, freut sich Mats. »Ich muss eigentlich ins Bett, aber vorher wollte ich den Winter treffen. Wollen wir ein wenig spielen?«

»Tja«, sagt der Schneehase und putzt sich hastig die weißen Ohren, obwohl die noch pieksauber sind. »Warum nicht? Magst du Schnee?«, sagt er leise, damit die riesige Bärin nicht aufwacht.

Als die beiden aus der Höhle krabbeln, ist Mats' Wald verwandelt. Schubberbaum und Blaubeerbüsche tragen weiße Hauben. Auf dem Tümpel hat sich eine Eisschicht gebildet.
Mats streckt eine Tatze aus, und die Kälte zwickt in seine Sohlen.

»Das ist Schnee«, ruft der Hase und wirbelt ein paar Flocken hoch. Angst hat er keine mehr vor diesem Bärenkind, das noch nie einen Winter gesehen hat. Der Schneehase rutscht auf dem Po den kleinen Abhang hinunter. Mats tut es ihm nach, und bald quietschen die beiden vor Freude.

Als die Sonne untergeht, fällt Dunkelheit über den Wald, schwärzer als die Neumondnacht und größer als ein Hirsch. Mats ist unbeschreiblich kalt, außerdem wird er sehr müde. »Das ist also der Winter!«, erkennt der Bär.
»Stimmt! Das ist der Winter«, gibt der Hase endlich zu.
»Aber ich bin sein bester Freund. Möchtest du meiner sein?«
Mats nickt ganz oft, weil er gern ein bester Freund sein will und damit ihm wärmer wird.
»Können wir auch Freunde sein, wenn man nicht mehr so frieren muss?«, bibbert er.
»Ja, klar«, ruft der Schneehase und schlägt einen Haken vor Freude.
Mats nickt zufrieden. Er hat den Winter gesehen und einen Freund gefunden, aber jetzt möchte er Winterschlaf halten.
»Ich bin Mats«, sagt der Bär zum Abschied.
»Aber wer bist du, wenn du nicht der Winter bist?«

»Dann bin ich der Frühling«, sagt der Schneehase kichernd und verschwindet in der Dunkelheit.

Christian Bartel kommt aus Bonn und schreibt Geschichten für Kinder und Erwachsene. Oft liest er seine Sachen auf Lesebühnen vor, manchmal wird auch ein Theaterstück daraus.
Er lebt mal auf dieser, mal auf jener Seite des Flusses, aber immer ganz gern am Rhein.

Annegret Ritter hat zunächst Spielzeugdesign in Halle studiert und arbeitet seit vielen Jahren als Illustratorin.
Sie zeichnet für Kinder und Erwachsene, und zwar am liebsten Tiere.
Außerdem gibt sie Kunstkurse für Kinder.
www.annegretritter.de

Sachen machen

von Katja Enseling

Sternennacht selbst gemacht

Mach dir deinen eigenen Sternenhimmel zum Anknipsen! Wie es geht, steht auf den folgenden Seiten.

DAS BRAUCHST DU DAZU:

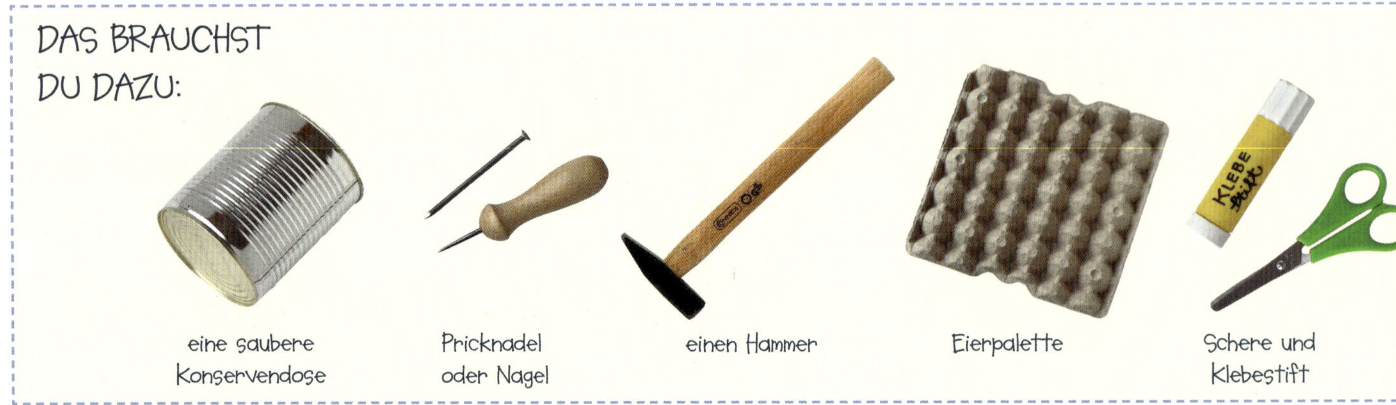

eine saubere Konservendose

Pricknadel oder Nagel

einen Hammer

Eierpalette

Schere und Klebestift

WICHTIG:
Dosen können scharfe Ränder haben, gib acht dass du dich nicht verletzt.

1 DOSE LÖCHERN

Lege die Dose auf die Eierpappe, damit sie nicht wegrollt. Nun pikse mit der Pricknadel oder Nagel und Hammer ringsum viele Löcher in die Dose. Lass aber die glatten Ränder und die Mitte des Bodens frei.

2 DOSENRÄNDER VERZIEREN

Schneide aus bunten Papierresten kleine Dreiecke und Streifen aus. Beklebe damit die glatten Dosenränder, und dein Nachtlicht wird ein richtiges Schmuckstück!

3 GRIFF ANBRINGEN

Pikse für den Griff zwei Löcher in den Plastikdeckel und schiebe die Enden des Chenilledrahts durch. Dann verdrehst du die Drahtenden im Deckel fest miteinander und klebst den Griff mit Heißkleber auf die Dose.

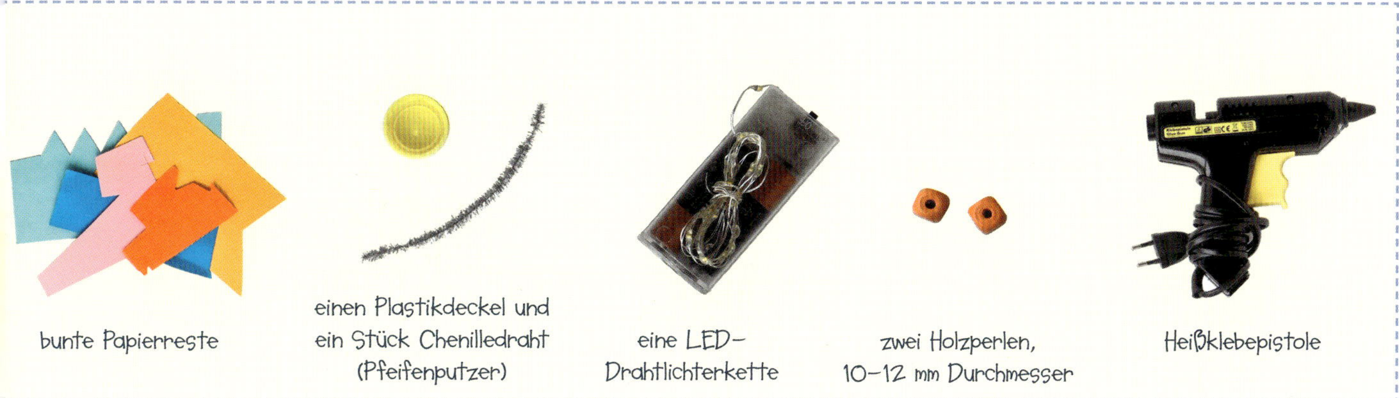

bunte Papierreste

einen Plastikdeckel und ein Stück Chenilledraht (Pfeifenputzer)

eine LED-Drahtlichterkette

zwei Holzperlen, 10–12 mm Durchmesser

Heißklebepistole

4

LICHTERKETTE VORBEREITEN

Weiter geht es mit der Lichterkette. Schnapp dir die Klebepistole und klebe auf die Unterseite des Batteriekastens zwei Holzperlen als Abstandhalter.

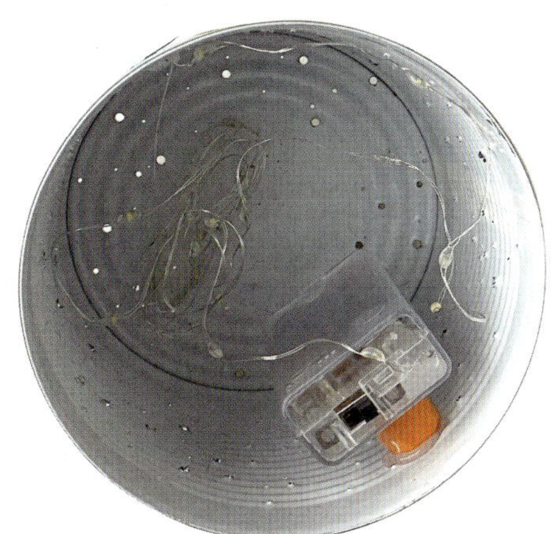

5

LICHTERKETTE ANKLEBEN

Gib auf jede Perle einen erbsengroßen Klecks Heißkleber und klebe den Batteriekasten so in die Dose, dass der Schalter gut zu erreichen ist.
Wickle den Lichterdraht auseinander, lege ihn in die Dose und klebe das Ende fest.

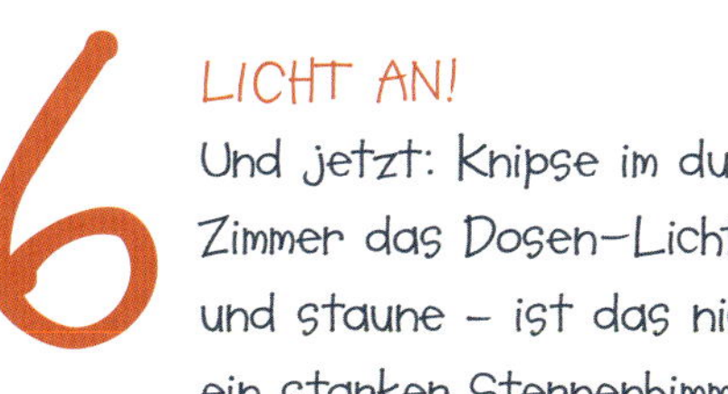

6

LICHT AN!

Und jetzt: Knipse im dunklen Zimmer das Dosen-Licht an und staune – ist das nicht ein starker Sternenhimmel?

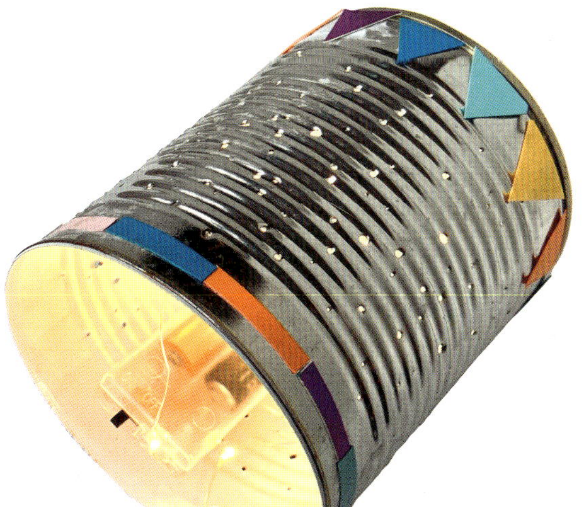

Text und Illustration: Katja Mensing

HALIMA UND BEN IM HALLENBAD

Halima und **Ben** sind beste Freunde.
Heute sind sie im Hallenbad, da hier ihr
Schwimmkurs stattfindet.
Schwimmen macht so viel Spaß!
Kannst du die beiden entdecken?
Findest du auch Halimas
lila **Schwimmnudel?**

ZU DEN DUSCHEN

Fremd-Wörter

Matratze

großer Käfer

darauf schläft man

Meckertante

Koje

Bett auf dem Schiff

Tier, das Milch gibt

Signal für Schiffe

Nickerchen

süßes Baby

kleiner Schluck

chrrrrr

kleines Schläfchen

Pyjama

Topf zum Pinkeln

Berg in Japan

Schlafanzug

Daunen

dicker Finger

Gänsefedern

Sandhügel am Meer

Nur einer der drei Vorschläge ist richtig. Welcher?

Die Auflösung findest du auf Seite 50.

Text und Illustration: Bettina Bexte

MACH MAL r WIE reimen

Das ABC der Tunwörter

von Ina Hattenhauer

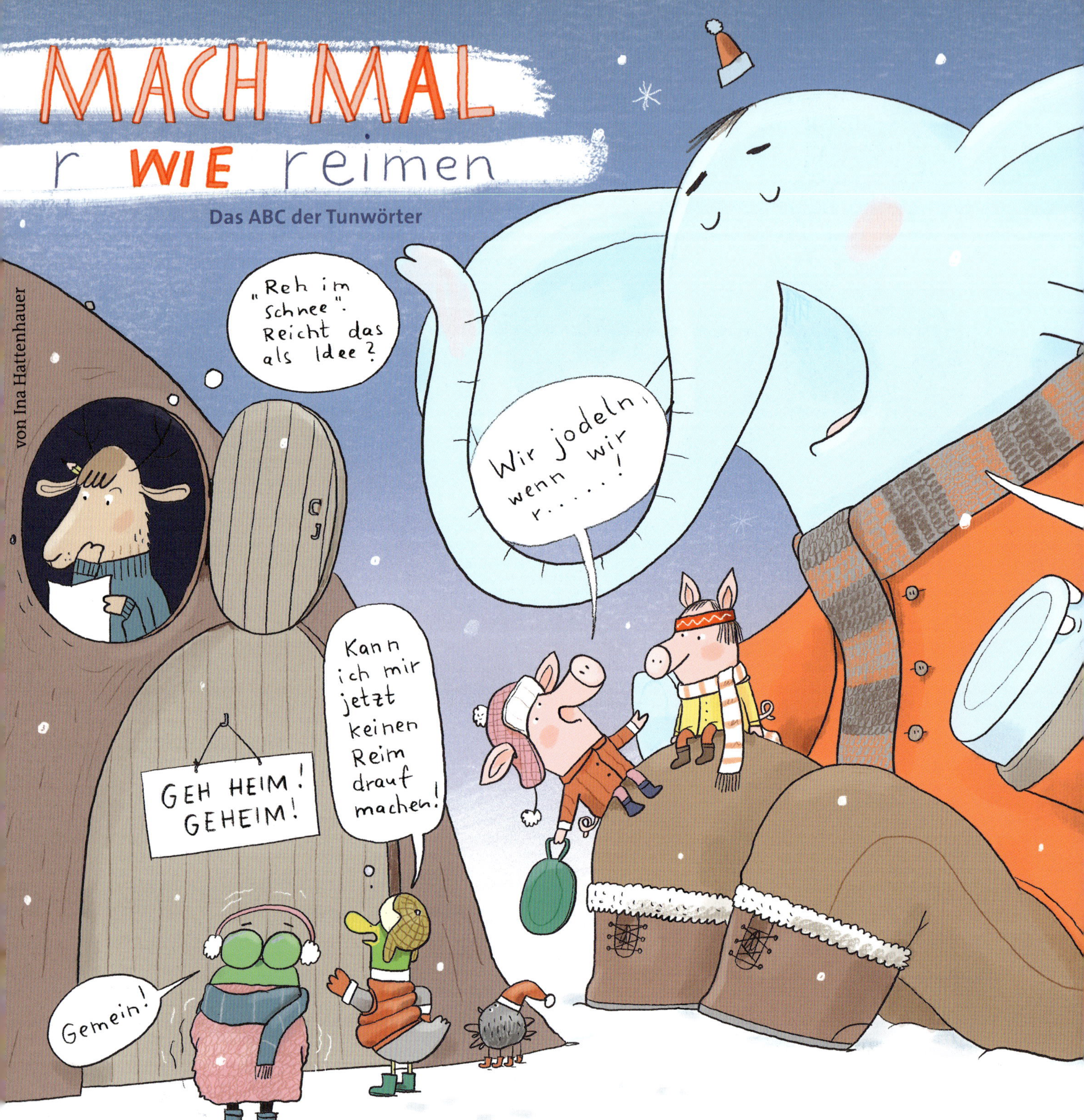

im Geheimen reimen

mit den kleinen Schweinen reimen

Mach mit! Kennst du noch mehr Tunwörter, die mit r anfangen?

in Eigenheimen ganz eigen reimen
Bloß nicht hasten, lieber r.....!
Mit Hasen r....
Ich will mich nicht einschleimen, aber ihr könnt supergut r.....!
Mit Hennen r.....
Nicht aussortieren, sondern re.......!
Mit Meisen r.....
beim Leimen reimen

DOPPELPACK

Horst + Helga

Nagel

Text und Illustration: Mascha Greune

Soll ich dir helfen?

Gern.

Horst und Helga gibt es nur im Doppelpack. Sie sind beste Freunde! Auch wenn sie ständig aneinander vorbeireden. Denn auch Worte gibt es oft im Doppelpack: ein Wort, zwei Bedeutungen. **Welches Wort ist es diesmal?**

Geckodicht

Text: Werner Holzwarth | Illustration: Sabine Wiemers

Das brave Schaf

Ich bin ein Schaf,
bin immer brav,

mach Mäh und schlaf.
Mach Mäh und schlaf.

Doch wenn ich einmal träum im Schlaf,
mach ich nicht Mäh,

dann mach ich: BÄH.

BÄH, BÄH, BÄH, BÄH

Doch nur im Schlaf.
Ich Schaf.

Aus: »Von träumenden Schafen und turtelnden Spatzen –
24 Gedichte zum Wiehern und Quieken, Tschilpen und Fiepen«
von Werner Holzwarth und Sabine Wiemers (Ill.)
Pattloch Verlag (erscheint am 30.08.24)

Gecko kommt gern zu dir nach Haus!

Gecko lesen macht im Abo am meisten Spaß. Alle 2 Monate landet die neueste Ausgabe in deinem Briefkasten. Einfach die Postkarte ausfüllen, ausschneiden, abschicken und sich drauf freuen!

Gecko abonnieren

○ **Ja, ich bestelle ein Gecko-Jahresabonnement** zum Preis von € 45,00 für 6 Ausgaben pro Jahr. Den Bezug kann ich jederzeit beenden.

○ **Ja, ich möchte ein 3-Hefte-Schnupperabo** für insgesamt € 22,50. Bestelle ich Gecko zwei Wochen nach Erhalt des dritten Heftes nicht ab, beziehe ich Gecko weiter zum Abo-Preis von € 45,00 für 6 Ausgaben pro Jahr. Den Bezug kann ich jederzeit beenden.

○ **Ja, ich möchte ein Gecko-Abonnement verschenken.** Der oder die Beschenkte erhält Gecko 6x zum Abo-Preis von € 45,00. Nach sechs Ausgaben endet der Bezug des Geschenkabos automatisch. Bitte vermerken Sie die Lieferadresse auf der Rückseite dieser Karte.

○ **Ja, ich möchte ein Mini-Geschenkabo.** Der oder die Beschenkte erhält Gecko 3x zum Abo-Preis von € 22,50. Nach drei Ausgaben endet der Bezug des Geschenkabos automatisch. Bitte vermerken Sie die Lieferadresse auf der Rückseite dieser Karte.

Alle Preise beinhalten MwSt. und Versand.

Sie möchten Gecko ins Ausland bestellen oder haben Fragen? Den Gecko-Leserservice erreichen Sie unter:
Telefon +49 (0) 89-85 85 35 32
E-Mail: abo@gecko-kinderzeitschrift.de

○ **Ich zahle gegen Rechnung (bitte Rechnung abwarten)**

○ **Ich zahle bequem per SEPA-Lastschrift:** Rathje & Elbel GbR, München, Gläubiger-Identifikationsnummer: DE59ZZZ00001113146
SEPA-Lastschriftmandat: Ich ermächtige Rathje & Elbel GbR, Zahlungen von meinem Konto mittels Lastschrift einzuziehen. Zugleich weise ich mein Kreditinstitut an, die von Rathje & Elbel GbR auf mein Konto gezogenen Lastschriften einzulösen. Hinweis: Ich kann innerhalb von acht Wochen, beginnend mit dem Belastungsdatum, die Erstattung des belasteten Betrages verlangen. Es gelten dabei die mit meinem Kreditinstitut vereinbarten Bedingungen.

Kontoinhaber

IBAN

Name des Kreditinstituts / BIC

Ort, Datum, Unterschrift

Diese Bestellung kann ich innerhalb von 10 Tagen schriftlich (per Post oder E-Mail) widerrufen. Zur Fristeinhaltung genügt die Absendung des Widerrufs innerhalb der 10 Tage (Poststempel bzw E-Mail-Versand). Diese Angebote gelten nur in Deutschland und Österreich. Weitere Auslandspreise erhalten Sie auf Anfrage bei unserem Leserservice: Telefon +49 (0)89-85 85 35 32,
E-Mail: abo@gecko-kinderzeitschrift.de Rathje & Elbel GbR, Camerloherstraße 40, 80686 München.
Unsere Datenschutzerklärung finden Sie unter www.gecko-kinderzeitschrift.de/datenschutz/

Ich habe Gecko kennengelernt über:

○ **Buchhandlung** ○ **Presse** ○ **Internet** ○ ____
○ **Arztpraxis** ○ **Freunde** ○ **Kindergarten** ○ **Bibliothek**

Gecko weiterempfehlen

✗ Der neue Abonnent

○ **Ja, ich bestelle ein Gecko-Jahresabonnement** zum Preis von € 45,00 für 6 Ausgaben pro Jahr. Den Bezug kann ich nach Erhalt der sechsten Ausgabe jederzeit beenden.

○ **Ja, ich verschenke ein Gecko-Abonnement** zum Preis von € 45,00. Nach sechs Ausgaben endet der Bezug des Geschenk-Abonnements automatisch.

✗ Der Empfänger des Posters:

○ **Ich habe einen neuen Gecko-Abonnenten geworben** und erhalte das ABC-Poster.

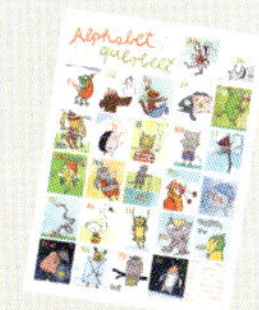

Name, Vorname des Werbers

Straße, Hausnummer

PLZ, Ort

Telefon **E-Mail-Adresse**

Name, Vorname des Kindes **Geburtsdatum**

Name, Vorname des Bestellers

Straße, Hausnummer

PLZ, Ort **Land**

E-Mail-Adresse **Telefon**

Versandadresse bei Geschenkabos:

Name, Vorname des Beschenkten **Geburtsdatum**

Straße, Hausnummer

PLZ, Ort **Land**

Das Abo beginnt mit der jeweils aktuellen Ausgabe. Der neue Abonnent und der Empfänger des Posters dürfen nicht identisch sein. Die Zusendung des Posters erfolgt nach Eingang der Zahlung des neuen Abonnenten. Sie müssen nicht selbst Abonnent sein, um einen neuen Abonnenten zu empfehlen. Dieses Angebot gilt nur, solange der Vorrat reicht.
Auslandsangebote auf Anfrage.

Ist die Postkarte schon weg?

Macht nichts, denn das Gecko-Jahresabo, das Geschenkabo, das Schnupperabo und das Prämienabo bekommst du auch im Gecko-Onlineshop (www.gecko-kinderzeitschrift.de/shop) und beim Gecko-Leserservice: Telefon +49 (0) 89-85 85 35 32, Telefax +49 (0) 89-85 85 36 25 32, E-Mail: abo@gecko-kinderzeitschrift.de

Bitte ausfüllen:

Name, Vorname des Kindes ________ Geburtsdatum ________

Name, Vorname des Bestellers ________

Straße, Hausnummer ________

PLZ, Ort ________ Land ________

E-Mail-Adresse ________ Telefon ________

Versandadresse bei Geschenkabos:

Name, Vorname des Beschenkten ________ Geburtsdatum ________

Straße, Hausnummer ________

PLZ, Ort ________ Land ________

Bitte ausreichend frankieren

Antwort

Cover Service GmbH & Co. KG
Aboservice Gecko Kinderzeitschrift
Bajuwarenring 14
82041 Oberhaching

Bitte ausfüllen (neuer Abonnent):

○ **Ich zahle gegen Rechnung (bitte Rechnung abwarten)**

○ **Ich zahle bequem per SEPA-Lastschrift:** Rathje & Elbel GbR, München, Gläubiger-Identifikationsnummer: DE59ZZZ00001113146.
SEPA-Lastschriftmandat: Ich ermächtige Rathje & Elbel GbR, Zahlungen von meinem Konto mittels Lastschrift einzuziehen. Zugleich weise ich mein Kreditinstitut an, die von Rathje & Elbel GbR auf mein Konto gezogenen Lastschriften einzulösen. Hinweis: Ich kann innerhalb von acht Wochen, beginnend mit dem Belastungsdatum, die Erstattung des belasteten Betrages verlangen. Es gelten dabei die mit meinem Kreditinstitut vereinbarten Bedingungen.

Kontoinhaber ________

IBAN ________

Name des Kreditinstituts / BIC ________

Ort, Datum, Unterschrift ________

Diese Bestellung kann ich innerhalb von 10 Tagen schriftlich (per Post oder E-Mail) widerrufen. Zur Fristeinhaltung genügt die Absendung des Widerrufs innerhalb der 10 Tage (Poststempel bzw. E-Mail-Versand). Diese Angebote gelten nur in Deutschland und Österreich. Weitere Auslandspreise erhalten Sie auf Anfrage bei unserem Leserservice, Telefon +49 (0)89-85 85 35 32, E-Mail: abo@gecko-kinderzeitschrift.de Rathje & Elbel GbR, Camerloherstraße 40, 80686 München.
Unsere Datenschutzerklärung finden Sie unter www.gecko-kinderzeitschrift.de/datenschutz/

Bitte ausreichend frankieren

Antwort

Cover Service GmbH & Co. KG
Aboservice Gecko Kinderzeitschrift
Bajuwarenring 14
82041 Oberhaching

Auflösung von Seite 14: Schlafwagen; Schlafmütze; Schlafwandler.

Auflösung von Seite 43: Nickerchen: kleines Schläfchen; Matratze: darauf schläft man; Pyjama: Schlafanzug; Koje: Bett auf dem Schiff; Daunen: Gänsefedern.